UNE COALITION EN 1859

PARIS, IMPRIMERIE DE L. TINTERLIN ET Ce
RUE NEUVE-DES-BONS-ENFANTS, 3.

UNE
COALITION
EN 1859

« L'intérêt de la France est partout où il y a une cause juste et civilisatrice à faire prévaloir. »
(Discours d'ouverture des deux Corps législatifs, de S. M. Napoléon III, le 7 février 1859).

PARIS
E. DENTU, LIBRAIRE-ÉDITEUR
PALAIS-ROYAL, 13, GALERIE D'ORLÉANS

1859

UNE

COALITION EN 1859

I.

Il sera bien tard quand ces lignes paraîtront; car, de tous côtés jaillissent imprimés, brochures, contes même, que l'impatience de l'opinion a fait éditer. Mais le discours de l'Empereur a été commenté par des passions si diverses, les unes y trouvant la guerre *à tout prix*, les autres la paix *quand même*, aucunes le *statu quo*... que nous avons cru devoir rentrer dans la lice, après dix années de silence, pour tâcher, selon nos faibles forces, d'apporter, dans la question qui agite tous les esprits, un peu de lumière pour savoir discerner le vrai du faux! Car, en ce moment, le commerce languit, les affaires ne vont pas, les agioteurs travaillent la Bourse et exploitent la panique des uns comme la confiance des autres. Or, ne serait-il pas temps que tout cela finît? Faudra-t-il avoir toujours autour de soi des hommes de *rien* qui veulent faire plus que les hommes de quelque chose?

La France a confié ses destinées à un prince qui sait faire valoir ses droits, malgré les calomnies des uns et malgré les louanges exagérées des autres; car la France ne demande et ne veut que les droits de la *Justice!* Seul, par conséquent, le Prince qui est à la tête de la nation doit parler et agir, car il parle et il agit au nom de tous. C'est ainsi que je me suis toujours représenté un dictateur de la République romaine, et c'est ainsi que je vois derrière nous Louis XIV et Napoléon Ier, parlant et agissant seuls au nom des peuples qui les avaient mis à leur tête (1). Ils furent grands tous ; grands comme cet empereur que l'histoire a sacré du nom de Charlemagne (*Carolus Magnus*), grands comme César, grands comme le fut Périclès !

Et d'où leur vient cette grandeur ?

Est-ce à leur nom ? Est-ce à leur position comme chefs ? Est-ce aux honneurs qui les ont entourés, qu'ils doivent cette impérissable gloire qui les a suivis au delà de la tombe et par delà les siècles ?

Non !

(1) L'un, le premier, avait reçu ces destinées par héritage ; l'autre, Napoléon Ier, par élection, *ce qui est bien différent*. Louis XIV représente l'ancien droit social, l'hérédité de la race et du sang, et le droit de la force : *primo occupanti*, ce que le duc de Bourgogne traduisait par ce vers, que Fénelon empêcha d'être lu par *le grand roi* :

« Le premier qui fut roi fut un soldat heureux ! »

Il avait oublié, sans doute, que la couronne de France était élective et que le *soldat heureux* qui, le premier, avait ceint cette couronne, avait été roi pour défendre les droits vrais et justes de ceux qui lui avaient donné leur confiance. S'il avait étudié l'histoire de France, il n'aurait vu de soldat heureux que dans celui qui fonda la race carlovingienne, Karl-le-Martel, et ce soldat avait pour lui le devoir, le droit et la justice. — Louis XIV tenant son droit de l'hérédité, il n'y a donc pas lieu de s'étonner de toutes les anomalies qui se passent sous son règne, et qui le mettent chaque jour en contradiction avec le principe d'hérédité et les aspirations qu'il avait vers un avenir meilleur pour la France, malgré son égoïsme personnel et malgré les *bigots* qui l'entouraient. La flatterie le nommait le grand roi : la postérité a confirmé cet heureux titre, malgré toutes les fautes qu'avait commises celui qui le portait.

Quant à Napoléon Ier, il sortait d'un flot révolutionnaire tel que tout avait été submergé en un seul jour. Or, pouvait-il établir dans le peu de jours (un an dans la vie d'un peuple n'est qu'un jour dans la vie d'un homme) qu'il a vécu, le nouvel ordre de choses ? — Non. — Les seuls moments qui lui restaient étaient de-

Mais ils étaient du nombre de ces illustres révolutionnaires (1) que dirige un grand sentiment de justice et qui, sentant que le monde ne peut marcher qu'appuyé sur les deux bases inébranlables du droit et de la vérité, devancent par leur génie et leurs conceptions gigantesques, l'heure de l'avénement des peuples à leurs droits !

Dans le ciel le plus sombre on aperçoit quelquefois une étoile, un éclair qui rappellent à l'homme que l'absence de cette lumière éclatante qu'on nomme le soleil n'est que momentanée !

De même, dans l'histoire des peuples, on voit de loin en loin, depuis Sésostris, Cyrus et Alexandre jusqu'à Napoléon Ier, des hommes qui, par leur génie, rappellent que le soleil de la justice n'est qu'éclipsé. Ils devancent par leurs institutions les lenteurs de l'arbuste social qui croît et qui, comme le grain de sénevé, doit devenir un grand arbre ; ils rappellent à ceux qui les environnent, que l'enfant abandonné à lui-même et qui manque du pain matériel et du pain intellectuel, doit grandir, devenir homme et digne fils de celui qui le créa, de Dieu, en un mot !

mandés par la victoire, et *il fallait lui obéir sous peine de déchoir !* Il n'a eu que le temps de semer et c'est à nous de faire la récolte.

(1) Ce mot *révolutionnaire*, pris dans son véritable sens, n'exprime ni la passion, ni la violence, ni l'exagération. Il exprime tout simplement *le renversement* d'une idée fausse par une idée vraie. Ainsi, en 1789, il y eut une révolution parce qu'en effet on *retourna* au peuple ou à la nation des droits que jusqu'alors le roi avait possédés, et ce, *par droit de naissance.* Le 18 brumaire, la proclamation de l'Empire, ne furent pas des *révolutions*, mais la continuation, l'explication et l'application des principes émis par la révolution de 1789. Une révolution eut lieu en 1830, parce que, depuis 1815, on avait perdu ou voulu perdre de vue les principes de 1789. Il fallut rappeler aux hommes qui alors gouvernaient la France, qu'il était impossible de revenir à 1787. Louis XVIII ne l'avait pas oublié, mais Charles X ne s'en souvenait plus. 1848 fut une révolution aussi, car celui qui avait ramassé une couronne sur les barricades, au nom des principes de 1789, avait voulu oublier à son tour ces mêmes principes ! Le 2 décembre continua le 18 brumaire.

Les peuples sont difficiles à élever, car ils ont pour langes et pour entraves toutes les ambitions des plus grands et des plus forts ! S'ils quittent la voie naturelle que Dieu leur a tracée, ils sont privés de raison ; ils sont aveuglés comme l'ivresse aveugle celui qui boit trop de vin ; ils trébuchent, s'éloignent du but et retardent de seize siècles l'avénement de leur *personnalité.*

Voyez ce qui se passe l'an 33 de notre ère : le Christ est pendu à une croix pour avoir voulu donner au monde la liberté, la justice, le devoir et le droit. Son but était la destruction du principe de l'ancienne société, l'hérédité de la race, du sang et de la force (1) (ou le royaume de Satan), pour établir le royaume de Dieu, dans lequel « *il sera rendu à chacun selon ses œuvres!* » Pendant trois siècles le sang des martyrs coule à flots pour féconder cette ingrate société; puis un nuage sombre couvre le monde, et ce n'est que mille six cents ans après que retentit de nouveau la première voix qui rappelle au monde que les paroles du Christ ne sont pas un vain son, mais que ces paroles doivent avoir une application pratique, immédiate... sinon l'humanité mourra !

Or, l'humanité ne peut point mourir sans détruire, par sa mort, toute l'harmonie de la Création et toute l'économie de la Rédemption. Elle a pour devoir de lutter contre le principe du mal et d'établir sur la terre le règne de la justice et l'empire de la vérité. Elle marche comme ce Juif errant dont nous parle la légende, et elle ne s'arrêtera que le jour où elle arrivera à son but.

Voilà pourquoi nous avons salué les nobles et fermes

(1) L'ancienne société était fondée sur le droit de la force et de la race. Chaque individu ne valait que ce qu'avait valu son père comme race, et l'on ne s'inquiétait nullement de sa valeur *personnelle.*

paroles du 7 février, et voilà pourquoi nous jetons un blâme sévère sur ces ouvriers paresseux et nuisibles qui, au lieu de concourir de toutes leurs forces à l'obtention de ce but commun à tous, portent la perturbation dans les âmes faibles ou qui hésitent encore, les uns par des bruits prématurés de guerre, les autres par des assurances enthousiastes et aveugles d'une paix éternelle !

Confiance ! confiance ! disait en 1848 un de nos plus éminents publicistes !

En 1859, nous dirons à notre tour : Confiance ! confiance en la TÊTE, ou bien alors que les membres lâches et fatigués se retirent sur le mont Aventin ! Mais nous doutons fort qu'ils trouvent un nouveau Ménénius qui les empêche de mourir de faim et de dépit... Ils finiront comme les voleurs dont parle Plutarque... Ils se dévoreront entre eux !

II.

Depuis le 7 février, les bruits les plus contradictoires se font entendre, — et, nous l'avouons en toute humilité, nous n'avons encore pu trouver une raison solide et juste à l'appui de ces divers bruits. Chacun se demande, à la vue d'une dépêche télégraphique, si c'est la paix ou la guerre que cette dépêche apporte ; et quand cette dépêche ne dit rien, ou bien quand elle ne donne que ces quelques mots qui ne peuvent pas exprimer la pensée entière de celui qui l'envoie, de tous côtés s'élèvent de nouveaux cris, les uns pour la paix, les autres pour la guerre, d'autres en faveur d'une de ces propositions folles et exagérées qui jettent encore plus d'hésitation dans les âmes faibles et pusillanimes.

Eh ! mon Dieu ! mes braves gens, pourquoi discuter des

probabilités plus ou moins réalisables ? Pourquoi entretenir des nations très-disposées à ne vouloir que ce qui est juste, dans cet état de doute qui défraie chaque jour les journaux aux dépens du lecteur ? Il y a la paix ! Il y a la guerre ! Il y a le *statu quo !* Quel sentiment est le meilleur ? Comment se guider dans ce dédale ? Pour celui qui ne lit qu'un journal, c'est son journal qui a raison, que ce journal se nomme le *Constitutionnel*, les *Débats*, la *Presse*, le *Siècle*, la *Gazette* ou la *Patrie* ! — Mais pour celui qui en lit deux, où donc sera pour lui la vérité ? Comment pourra-t-il apprécier les deux sentiments à leur juste valeur, quand l'un des deux journaux dit blanc et l'autre noir ? Quel sera son *criterium ?*

Nous avons, nous, Français, et nous l'avons par excellence, la facilité de nous former sur toute chose une opinion qui nous satisfait par cela seul qu'elle flatte nos désirs, notre amour-propre et nos goûts d'indépendance. Demandez à un enfant quel est le soldat qu'il déteste le plus des soldats russes, anglais, prussiens ou autrichiens..... Sa réponse dépendra de la latitude, de la longitude du pays de son père et des narrations plus ou moins féroces qu'on lui aura faites des gestes de chacun de ces soldats. Tel aura eu à se plaindre des Anglais, qui les représentera à son fils comme des Gargantua prêts à tout dévorer. Tel autre, ayant eu à se plaindre des Autrichiens, lui dira qu'un Autrichien n'est qu'un loup dévorant qu'il faut exterminer. Nous en laissons, et des plus belles ; car, dans notre beau pays de France, chacun exprime son jugement selon les blessures plus ou moins profondes qu'ont pu nous faire d'inévitables malheurs. O ma patrie, où irions-nous, si le sentiment de la justice n'était pas venu enfin corriger nos erreurs ? De quel côté pourrait donc se diriger l'homme sérieux, le vrai patriote qu'aucune tourmente ne doit détourner de la vérité? Comment, dans ce conflit d'opinions si diverses, trouvera-t-il une base, une règle pour le guider? Où sera donc pour lui ce grand critérium nommé la conscience publique ou l'*opinion publique?* Si jamais l'axiome, « *vox populi,* « *vox Dei,* » fut vrai, n'est-ce pas en ces jours où la lumière s'est tellement répandue dans le monde qu'il n'y a pas un être qui ne sache distinguer aujourd'hui ce qui est vrai de ce qui est faux, et qui ne sente dans son cœur un battement d'amour pour la justice ou un sentiment de répulsion pour l'iniquité? C'est surtout en justice politique que les aberrations seraient plus faciles, car on a tellement séparé la politique (proprement dite) de la justice, qu'une confusion complète a été le résultat de cette séparation pour les intelligences encore un peu arriérées.

La question du jour est : ou la paix, ou la guerre, ou une coalition.

Or, pourquoi la paix? Pourquoi la guerre? Pourquoi une coalition?

Triple question qui a besoin de quelques préliminaires pour la résoudre.

III.

Un gouvernement par *droit* de traité ou de conquête non appuyé sur la justice, peut-il imposer à une nation, des mœurs, des coutumes, des lois qui sont complétement antipathiques à cette nation, et river à son opinion *personnelle* des individus qui, obligés de subir le joug que leur impose la force, regimbent contre un système qui leur paraît une effrayante injustice? Que ce joug, déjà trop lourd, imposé de vive force par des étrangers, soit aggravé par des persécutions comme jamais l'antique Rome n'en exerça sur ses esclaves..... n'est-ce pas une chose qui surpasse tout homme de cœur, tout homme qui possède un peu de cette simple intelligence et de ce sens droit que Dieu a distribué à chacun de nous?

Faut-il que cette nation devienne la proie de ce grand *forfaiteur* qu'on nomme le plus fort?

Dans une des notes qui précèdent, nous avons parlé de l'hérédité de la race et du sang, et du droit de la force; nous avons ajouté que l'on faisait peu de cas de la *personnalité* d'une nation, ou, en d'autres termes, des droits de la justice, des devoirs qui sont inhérents à toute créature venant de Dieu. Il a fallu quinze cents ans pour que la justice commençât, non pas à régner, mais à se faire entendre sur cette terre!...

Or, voyons maintenant si c'est la paix ou la guerre que l'opinion doit vouloir, et si, en cas de guerre, une coalition est possible contre la France.

Une coalition eut lieu en 1814 et en 1815; c'était la seconde depuis 1789. Nous reviendrons sur cette époque. Laissons pour un instant les règnes de Louis XVIII et de Charles X; ne prenons dans notre histoire que les vingt années qui séparent la révolution de 1830 du coup d'État de 1851.

Cette revue rétrospective ne sera pas inutile.

IV.

1848 fut un coup de foudre!

Dix ans se sont écoulés depuis cette époque; dans la vie d'un peuple, dix ans ne sont que dix jours. Or, avant ce *premier jour*, un gouvernement bâtard avait usé beaucoup de génuflexions pour plaire à ceux dont il *voulait bien dépendre* et qu'il AURAIT DU DOMINER. L'homme, il est vrai, tremble et chancelle quand il sent que ses pieds ne marchent point dans le chemin de la justice.

On le nommait *Monsieur* et non *Monsieur mon frère* (1); on remaniait la carte de l'Europe sans lui en faire part, et un traité de quadruple alliance (2) existait, pendant que l'on s'occupait d'un crime célèbre (3). On discutait des questions secondaires au lieu de s'occuper des grands principes de justice et de vérité qui sont la base inébranlable de tout gouvernement vrai, et l'éloquence prodiguait ses plus beaux mouvements pour attaquer ou soutenir des propositions plus bâtardes encore que le régime qui cherchait à les imposer. De temps à autre quelques éclairs sillonnaient ces nues sombres, noires et chargées de tempêtes. — C'était Strasbourg qui faisait vaciller ce trône tremblant et mal assis. C'était 1840 avec son insurrection improvisée qui réveillait les passions les plus hostiles. — C'était Boulogne qui rappelait ce grand héros mort sur un rocher! C'étaient encore les tueries dont l'Europe frémissait, qui donnaient l'éveil à ce monarque endormi et qui aurait voulu personnifier la France dans *sa bourgeoisie personnelle*! — C'était le droit de visite; c'était Pritchard avec son indemnité; c'était le pain beaucoup trop cher; c'étaient ces ban-

(1) L'empereur Nicolas n'écrivait jamais autrement au roi Louis-Philippe. La reine Isabelle II d'Epagne n'a été reconnue par la Russie qu'après la guerre de Crimée. Le comte de Chambord était fêté dans presque toutes les cours de l'Europe, quand la famille qui régnait en France ne l'était nulle part! Que de faits plus éloquents encore ne pourrait-on pas ajouter, et dont les archives de la diplomatie ont seules le secret!

(2) Le traité de Londres ou de la quadruple alliance, dont était exclue la France.

(3) Le procès de Mme Lafarge avait lieu à cette époque, et, pendant que l'on passionnait la nation sur ces grands débats judiciaires, l'acte inique du traité de Londres (19 juin 1840, si ma mémoire n'est pas en défaut!) se consommait. Il n'y eut pas une seule voix dans la presse pour crier *au voleur*, pas même la voix du *National*. Quand la presse en parla, il était trop tard, le fait était consommé.

Le gouvernement de 1830 et son opposition dynastique ont eu le mauvais sort, pendant dix-huit ans, d'arriver trop tard pour *tout!*

quets où tout était mis en jeu, couronne, système, dynastie..... Et quels avertissements plus intimes encore n'avait-il pas reçu ? La mort terrible de l'héritier de la couronne ; les crimes Teste, Parmentier, Praslin ; la mort de Madame Adélaïde ; les cris de fureur ou de justice qui s'élevaient de tout côté... Rien ne put le reveiller ; ce n'était plus un sommeil apathique, c'était un sommeil de plomb !

Ah ! c'est dans ces jours, *qu'il faut oublier*, qu'une coalition était possible ! L'Europe entière aurait pu s'armer contre la France ; car l'épée de la France était tenue par les mains de l'égoïsme et non par les mains de la justice, et, par conséquent, du devoir et du droit, principes de toute véritable force. Mais la nation veillait, et quand une nation veille il n'y a point de surprise possible contre elle, qu'elle ait ou qu'elle n'ait point de canons !

Un jour, un coup de tonnerre éclata sur un gâteau que l'on voulait manger à Paris, et que l'autorité refusait à des bourgeois très-inoffensifs, malgré leur uniforme guerrier. Le gâteau fut disputé à coups de paroles, et, au moment où celui qui croyait pouvoir le manger allait se mettre à table, un orage épouvantable se déchaîna ; le bourgeois pacifique était devenu tigre, un *tourbillon* inconnu ou plutôt peu apprécié jusqu'alors s'éleva, et ce gouvernement bâtard disparut emporté... par un fiacre *à la course* !

D'autres vinrent, proclamèrent un grand mot, parlèrent beaucoup et se moquèrent de ce tourbillon, ou pour mieux dire (car il faut enfin l'appeler par son nom), de CETTE OPINION qui les avait faits ce qu'ils étaient ; ils rirent de celui que cette même opinion avait mis à la tête d'un grand peuple et voulurent, non pas seulement *gouverner*, mais RÉGNER seuls ! Alors se succèdent inepties sur inepties : les bras du CHEF ÉLU sont liés ; c'est à qui l'empêchera moralement et matériellement d'accomplir les devoirs que lui imposent et sa dignité et les destinées de la nation qu'il est *censé gouverner ;* il n'a ni sceptre ni épée, car la seule épée qu'il peut porter est l'épée de *garde national*, et on la lui dispute encore !

Faut-il s'étonner ? N'obéissaient-ils point, ceux-là, à cette loi de l'égoïsme qui dit : « Tout pour moi, tout à moi et rien aux autres ? » Etaient-ils les mandataires de la force que donne la justice ou les esclaves de la force brutale, eux qui avaient voté tant de lois contraires à ce principe même de justice dont nous parlons ? N'avaient-ils pas voulu étouffer, par leur loi du suffrage restreint, cette mère qui les avait faits ce qu'ils étaient ?....

Une nuit, à l'horloge éternelle, tintèrent les premiers coups qui annonçaient que l'heure de la justice était arrivée ! Quand le matin gris et brumeux laissa voir le jour, les bavards avaient disparu ; il ne restait plus en présence que deux êtres : l'homme auquel on avait refusé un sceptre et dénié une épée, et cette puissance devant laquelle chacun de nous s'incline : l'opinion.

Quelques jours après, huit millions d'électeurs élevaient l'homme sur le pavois ; la France, relevée de sa longue ignominie, faisait peser *son épée* dans la balance des puissants de l'Europe, et elle pouvait enfin dire et de nouveau : « Je veux ! »

V.

En ces jours de lutte intérieure, pour consolider ce pouvoir nouveau qui s'appuyait sur des bases inconnues jusqu'alors, au moment où la famine, le froid et la misère étendaient leurs doigts crochus sur la France, un cri terrible retentit ! Un homme voulait s'emparer d'un petit peuple, car cet homme se croyait à lui seul plus fort que ce peuple. —

Il avait, le potentat, des vaisseaux, des forteresses, une grande étendue de territoire et beaucoup d'or ! Son empire ne contenait que des esclaves (qu'ils se nommassent serfs ou boyards), disposés tous, sur l'ordre du *maître*, à mourir au poste imposé à leur garde, sans se plaindre et sans le maudire. — L'autre, le petit peuple, n'était même pas chrétien. Aucune raison ne pouvait appeler la sympathie de l'Europe à son secours ; il devait fatalement succomber ! car, au-dessus de lui, au Nord, était disposée et prête à marcher une invasion sémblable à celle des barbares du quatrième siècle ; au-dessous, au Sud, était un peuple qui ne croyait à son salut que par les hommes du Nord ! Ailleurs, à l'Occident, de puissants ennemis, comme principe religieux, car tous étaient chrétiens. C'était la France catholique ; c'était l'Angleterre protestante ; mais chrétiennes toutes les deux !

Le monde entier était l'enjeu de cette lutte du grand et du fort contre le petit et le faible. Or, au moment où le loup allait dévorer l'agneau, il se passa quelque chose d'admirable en Europe... La France ne dormait plus : d'autres nations veillaient encore, et, malgré le froid, malgré la faim, malgré la misère, un cri spontané sortit de toutes les poitrines, et ce cri était : « Aux armes ! *A la guerre !* » — La guerre ? Et avec qui ? — Et pour qui ? — Et pourquoi ?

Pourquoi ? — Parce que la justice avait été outragée d'une manière indigne ; — parce que le droit *du plus fort* ne devait pas terrasser et vaincre le droit *du plus juste !*

Pour qui ? — Pour des êtres que l'on nommait des mécréants, des Turcs !...

Avec qui ? — Avec une puissance chrétienne !

Mais, à cette heure solennelle où la justice et le droit étaient outragés, il n'y avait ni Turcs, ni chrétiens, ni philosophes ? — Un sentiment sublime domina l'Europe et un cri spontané répondit à ce sentiment... Chacun avait compris qu'en lésant les droits de la justice, l'homme du Nord avait lésé les droits de chaque individu, et l'unanimité de l'opinion fut telle, que deux nations ennemies jusqu'alors, oublièrent leurs vieilles rancunes, se tendirent la main, et allèrent combattre, mourir ou triompher ensemble, sans même penser qu'un point capital les séparait d'abord : la divergence de croyance religieuse ! — La première est nommée à Rome la fille aînée de l'Église, la deuxième n'a pas de nom dans le martyrologe romain. Un seul drapeau réunit ces deux nations ; il n'y eut qu'un étendard, et sur cet étendard était écrit le mot de *Justice* ! D'autres nations demandèrent à partager de cette expédition les périls et la gloire ; l'une d'elles fut admise, et c'était la moins puissante comme fortune (mais dans quel champ d'honneur n'avait-elle pas prodigué jusqu'à sa dernière goutte de sang ? et comme prépondérance.) L'amour de la justice la pressait ; cet amour qui jeta trois armées sur une terre ingrate, où l'hiver, les maladies et les balles devaient décimer leurs natures les plus nobles et les plus généreuses.

Oh ! ne dites pas qu'une folle ambition, que le vain désir d'une gloire dont on n'avait pas besoin pour se rendre illustre, a conduit ces trois armées sur ces plages stériles ! Demandez à ceux qui ont assisté à ce siége, — dont le siége de Troie pourra seul donner une idée aux races futures, — demandez-leur quel était le mobile qui les guidait, le but qu'ils voulaient atteindre ? — Et vous entendrez le mot de *justice* sortir de leur bouche, comme aussi, si vous allez demander à ceux qui signèrent le traité de Paris, quels furent les avantages que la France, l'Angleterre et le Piémont réclamèrent, — ils vous répondront : RIEN !

Ces grands peuples ne voulaient *rien*, car ils avaient obtenu à prix d'argent et de sang, la plus grande récompense

que l'on puisse désirer : — le triomphe de la justice contre l'iniquité ! — Rien ? — Non, RIEN *et pas davantage !* — Mais la gloire se paie, car elle *coûte*, diront encore certains esprits trop étroits pour comprendre ce qu'il y a eu de grandeur, de générosité et d'abnégation dans une pareille guerre entreprise dans les jours où elle éclata ! — La gloire se paie ? — Oui ! quand c'est une gloire d'usure... Mais quand c'est *une gloire d'honneur*, un monde entier ne pourrait en solder la valeur !

Comment se fit-il donc qu'en ces temps-là une coalition ne se forma point contre la France ? — Certes, en voyant un Napoléon sur le trône de France, l'Europe *entière* aurait dû frémir et aller exhumer des traités de 1815 cet article qui mettait au ban de l'Europe ce nom glorieux de Napoléon, et qui déclarait, au nom *des hautes parties contractantes*, que sa famille devait être *à jamais exclue du territoire français !* — Que faisait donc l'Autriche en ces jours-là ? — Elle qui, en 1814, avait armé des milliers de soldats contre le gendre de son empereur, n'avait donc plus de piétons à envoyer sur les frontières du Rhin pour empêcher la France d'aller prendre Sébastopol ? — Elle n'avait donc plus de cavaliers à envoyer au secours de la Russie qui se mourait en Crimée, et à laquelle pourtant elle devait la vie depuis 1848, quand elle agonisait sous le sabre des Hongrois, et quand tous, jusqu'à ses étudiants de Vienne, l'avaient délaissée ? — L'Autriche restait *neutre* !... L'or de l'Angleterre était parti ce jour-là pour le champ d'honneur et non point pour Vienne ! — Enrôlée sous la bannière du droit, du devoir et de la justice, l'Angleterre avait fait taire ses passions, et ses oreilles étaient désormais fermées aux aveugles et égoïstes ambitions des *autres*. Car enfin, et il faut bien le dire, quand, en 1814 et 1815, une coalition éclata contre la France, quels furent les principes de cette coalition qui ne flattait que l'amour-propre de certains hommes d'État?... L'Angleterre en fit les frais d'abord; mais la France les solda ensuite, et son peuple sait avec quels intérêts! — Lisez l'histoire : mais lisez-la impartialement; regardez-la passer devant vous comme les images d'une lanterne magique, et alors vous la jugerez bien!

VI.

Les coalitions contre la France datent de longtemps déjà; mais ne parlons que de la première et de la dernière.

La révolution de 1789 a lieu en France. Un gouvernement nouveau s'installe; le 4 août, nobles, prêtres, seigneurs, font une déclaration telle que, dans cette nuit mémorable la féodalité mourut enterrée par l'enthousiasme même de ses meilleurs représentants. Les principes du Christ, « à chacun selon ses œuvres, etc... » sont proclamés; — la nation française sent enfin qu'elle commence à vivre et à être *quelque chose*.—Mais les potentats de l'Europe ont peur d'elle; depuis deux siècles déjà ils savaient qu'elle était l'initiatrice de tout ce qui est beau, grand et juste... Ils se réunissent et veulent étouffer dans son berceau cet enfant qu'ils craignent de voir un jour arriver à l'état de géant! Ils convoquent, ou plutôt ils forcent leurs peuples à s'enrôler pour éteindre cet incendie qui les menace; ils tremblent pour leurs vieux fauteuils dorés, et ils font marcher contre une nation *seule*, sans pain et sans souliers, des soldats de *toutes nations* bien nourris, bien habillés et auxquels une longue paix devait avoir appris l'exercice militaire. Ils s'arment au nom de l'absolutisme ou de l'*égoïsme*, contre les enfants de la *liberté* et les défenseurs de *la justice*. Un duc de Brunswick, que la défaite nous a fait connaître, nous menace de corde et de pendaison, si nous ne revenons pas à de *meilleurs sentiments* (et l'on sait ce que voulaient dire ces mots). — Cette première coalition est battue à plate couture.—Un général, jeune encore, à peine connu, achève de dissiper les bataillons qui restaient debout, signe un traité à Campo-Formio, et d'un trait de plume révèle au monde entier le plus puissant génie des temps modernes. Il monte à cheval sur les principes de 1789 : il les promène dans toute l'Europe ; il voit des rois et des empereurs faire antichambre à la porte de son cabinet; son nom est le synonyme de la foudre et ses armes sont un aigle ! Il travaille à la réalisation des promesses de 1789 ; il sait bien que ce n'est pas en un jour qu'il pourra construire le nouvel édifice social, mais il ne se décourage pas ; il sème à grands pas ces germes féconds dont nous allons récolter les fruits ; il appelle les peuples à la liberté, à la justice (1); il se personnifie dans la France, et comme Louis XIV, mais dans un autre sens, il dit : — « La France, c'est moi ! »—Étonnez-vous de l'amour enthousiaste qui l'a suivi jusqu'à son dernier jour ! — Il ne veut que le bien de la France ; il sait le besoin de la paix et il la demande chaque jour ! Une *forfaiture* le pousse à bout..... Il est *le seul responsable* d'une grande nation, et il dégaîne de nouveau cette épée qui ne devait être frappée d'immobilité que le 5 mai 1821 !—Dès lors, une coalition nouvelle se forme contre la France.—Mais, quel est le drapeau de cette coalition?— « La *liberté* et la *justice* contre l'*absolutisme !...* » — Étrange, mais juste contradiction de ces hommes qui ne voulaient point hier reconnaître la justice, parce qu'ils se croyaient *plus forts qu'elle*, et qui l'invoquent aujourd'hui parce qu'ils l'ont vue PLUS FORTE QU'EUX !

(1) *Servus vocatus es? non sit tibi curæ : sed et si potes fieri liber, magis utere..... pretio empti estis, nolite fieri servi hominum.* (Epître Ire de saint Paul aux Corinthiens, chap. VII, v. 21 et 23.)

Telle fut la raison d'être de la coalition de 1815.

Sur quoi se basait-elle en réalité, cette coalition cachée sous une apparence de justice? — Sur la force!

Or, quel est le principe de la force?

VII.

Il y a deux sortes de force : 1° *la force brutale; 2° la force morale.*

La première repose sur le bâton ; la seconde sur la justice ; or, la justice c'est la vérité, et la vérité c'est Dieu!

La force du bâton est inintelligente, avide, brutale et égoïste ! Il faut lutter contre elle quand même, quelles que soient les formes sous lesquelles elle se déguise, qu'elle porte le nom *d'habileté diplomatique* ou qu'elle en prenne un autre.

C'est la force, ou, si vous le préférez, le droit qu'invoquent et dont usent certains *pasteurs* des peuples !

La force morale est bien autre chose! Elle s'appuie sur la vérité ; elle ne veut que ce qui lui appartient en propre, et rien au delà! Elle tire sa puissance de Celui d'où émane tout ce qui est beau, juste et puissant, de Dieu, en un mot; et tout ce qui se met en contradiction avec Dieu n'est que faiblesse, lâcheté, humiliation ! — Or, c'est cette *force morale* qui doit gouverner et régir tous les peuples, sans distinction de religion ou de caste. Car enfin les peuples ne sont pas des troupeaux immondes qu'une volonté quelconque puisse rayer de la carte de la terre. Petits ou grands, soit par leur intelligence, soit par leur position sous le soleil, ces peuples sont égaux devant Dieu, car Dieu ne fit point de différence entre eux quand il les laissa marcher sur notre planète ; il ne leur imposa qu'un devoir et ce devoir fut commun à tous : le devoir d'observer la justice (1).

Or, aujourd'hui, où en sommes-nous de ce commandement ?

Quiconque examinera ce qui se passe en Europe dira, et avec vérité, que l'ancien monde et le nouveau monde vont se livrer une bataille, et qu'un duel à mort doit suivre la non-entente de ces deux individualités qu'on nomme la force brutale et la force morale.

Mais, — s'écrieront bien des âmes pusillanimes, peureuses, timorées et qui disent « merci ! » à celui qui leur a marché sur le pied : — Que deviendront les traités de 1815 ? — Que deviendra l'équilibre européen ?

L'équilibre européen est un grand *dada* sur lequel on monte à pied ou en voiture, depuis 1815, pour faire taire les niais, imposer au vulgaire et répondre aux gens de trop d'esprit. Nous faisons cette observation pour les hommes de bonne foi qui sont loin de connaître toutes les roueries qui, depuis 1815, ont fait vivre ces malheureux et malencontreux traités. — Pendant de trop longues années, quand s'é- vait une de ces questions de droit et de justice qui font battre tous les cœurs et soulèvent toutes les poitrines, et qu'un honnête homme, un peu plus courageux que les autres, montait à la tribune et se faisait l'interprète de ceux qui souffraient, — un habit noir, avec cravate blanche et parole mielleuse, lui répondait, d'un ton paterne *mais doctoral :* « Ne continuez « pas; nous savons ce qu'il en est ; nous en souffrons plus que « vous ; le gouvernement a l'œil dessus ; nous ferons tout « notre possible pour que l'ordre règne *même à Varsovie*, « mais laissez-nous agir ; rapportez-vous en à nous qui avons « votre confiance ; seulement, gardons-nous de troubler *l'é-*

(1) « *Justiciam moniti servare*, etc.» (Virgile, VIe chant.) « *Nemo quod suum est quærat sed quod alterius.* » (Saint Paul, Ire aux Corinthiens, ch. VIII, v. 24.) « *Domini est terra et plenitudo ejus.* » (Id., id., v. 26.)

« *quilibre européen !* » — On votait ! Tout le monde était satisfait, même vous, cher lecteur, sans vous en douter, et le lendemain on s'amusait à des passes d'éloquence comme à des passes d'armes !... et pourquoi et pour qui ? Lisez le passé, car je n'oserais pas vous le redire et vous répondre !

Or, cet *équilibre*, quel est-il ? — Vous l'ignorez ? et moi aussi ! Une table qui a trois ou quatre pieds bien placés, est en équilibre, c'est-à-dire qu'elle restera telle que vous l'avez posée. Mais si vous ne mettez que deux roues à une voiture qui doit en avoir quatre, et que ces deux roues soient placées, la première à gauche et la seconde à gauche, croyez-vous que la voiture sera d'aplomb et en équilibre ?.... L'équilibre européen me fait le même effet. Les traités de 1815 sont, si je ne me trompe, les deux roues de gauche.... Et voilà pourquoi on les pose comme base de ce même équilibre !....

Il y a des questions, en diplomatie, qui feraient rire, si l'on ne sentait au cœur, en les considérant, une de ces douleurs poignantes qui le serrent jusqu'à vouloir l'étouffer !

VIII.

Mais revenons à ces traités de 1815, et, nous ne craignons pas de le dire, l'Europe les jugera comme nous les avons jugés ! Car, aujourd'hui, l'Europe pense, l'Europe discute, l'Europe sait ce qui est vrai et juste, et, par conséquent, ce qu'elle doit faire.

Il fut un jour — et ce jour est heureusement éloigné de nous de plus d'un demi-siècle — il fut un jour où nul, — hors la terre libre de France, n'osait penser et vouloir ! — Il n'y avait en Europe que des bercails : là étaient réunis des troupeaux que l'on parquait comme on pouvait et auxquels on ne jetait que de loin en loin quelques bribes, tombées sous table, de cette nourriture intellectuelle et morale dont nous avons tous besoin. C'était la force brutale qui dirigeait et qui gouvernait. « *Hors d'elle, point de salut!* « *Moutons, laissez-vous tondre, ou sinon gare à vous!* » — Ces temps sont passés : 1789 a donné au monde un autre principe ; le vieil édifice a croulé ; il ne reste que quelques pans de muraille de ce vieux couvent ; oublions-le donc et allons voir le nouveau temple, celui que le 14 juillet fonda et dont le premier grand-prêtre fut Napoléon Ier!....

Vingt-cinq ans se sont écoulés; le temple est bâti, mais il n'est pas encore inauguré; son grand-prêtre meurt, et 1815 voit se consommer le dernier forfait du vieux monde expirant. — Quelle fut donc la base des traités qui furent alors signés à Vienne? — L'égoïsme, la rapacité, la loi du plus fort! Loi inintelligente, loi qui s'aveugle, loi qui voudrait tout mettre sous ses pieds, sans s'inquiéter si ses pieds auront assez de force pour retenir tout ce qu'ils voudraient courber. L'inintelligence de cette force n'a pas besoin de démonstration. Il suffit de rappeler à la mémoire la Grèce, la Belgique, les soubresauts de l'Irlande, de la Pologne et de la Hongrie, et, dernièrement encore, la glorieuse défense de Silistrie par une poignée de Turcs!

Au moment où le grand initiateur des peuples aux idées de vérité et de justice acclamées en 1789, succombe, la France est épuisée! Elle a donné tout son sang, toute son intelligence, tout son dévouement, pour faire participer les autres nations au bien qu'elle possède. Elle s'affaisse comme le géant Encelade, sous le poids des rochers qui croulent sur sa tête. Terrassée, mais non vaincue, — car on ne vainc ni le droit ni la justice, — elle est obligée d'assister à la curée que tous les tripoteurs de l'Europe s'étaient préparée. Elle voit se consommer, sous une déclaration hypocrite, la ruine de la Pologne, l'asservissement des chrétiens grecs sous le bâton des Turcs, la Belgique rentrer sous la domination de la Hollande, et, témoin inerte de cet inique traité qui livrait à la maison de Hapsbourg tout le nord de l'Italie, elle fut obligée de courber la tête, non pas seulement sous le poids des faisceaux des licteurs étrangers, mais encore sous le poids des faisceaux de ses propres licteurs ! Mais la justice ne meurt point! A peine sont-ils signés, ces traités de 1815, que de toute part s'élèvent des cris de réprobation et d'anathème qui en demandent l'annulation. Ces cris furent étouffés au nom de l'équilibre européen, et il a fallu des révolutions pour qu'enfin la voix publique pût dominer les clameurs de détresse des *habiles aux abois*, et détruire en fait ce qui malheureusement existe encore en principe.

Mais, dira-t-on, et nous avons été étrangement surpris d'entendre ces paroles sortir de la bouche d'un des hommes les plus éminents de la Grande-Bretagne : la France n'a rien perdu à ces traités, puisqu'on lui a laissé sa richesse, l'intelligence de son peuple et tout son territoire intact! — Ah ! Mylord, qu'avez-vous dit!.. Et son honneur, où l'avait-on laissé? — Au fond du sac, sans doute !.... — Et la justice avec ses balances? — Est-ce dans un tribunal anglais qu'on l'avait laissée pour juger un de ces procès ridicules dont votre législation embrouillée nous donne trop souvent le tableau, au lieu de la conduire à Vienne, pour présider à l'assemblée de tous ces tripoteurs qui auraient bien voulu se tailler quelque manteau royal dans cette curée dont la France, l'Allemagne, la Belgique et l'Italie étaient les victimes?.... —On nous a laissé notre territoire intact !.... (1) Il n'aurait plus manqué qu'une chose,

(1) Ne parlons pas des forts de Huningue et autres, démolis en vertu de ces malencontreux traités, et qui défendaient la France !

c'est que l'on eût cherché à démembrer la France et à se la partager !... Que de volcans !... Heureusement la France rentrait sous le sceptre des fils de saint Louis, et saint Louis était FRANÇAIS en l'an 1250, chacun peut s'en souvenir.

Remercions le ciel de ce que nous n'avons pas été disloqués, démembrés, coupés en morceaux, faits chair à pâtée ! Remercions surtout la Sainte-Alliance, au lieu de nous plaindre d'elle ! — Quoi ?, vraiment ? il y a en 1859 des hommes qui prétendent que les traités de 1815 ne sont ni convenables, ni justes, et que la France, *qu'ils n'ont pas démembrée*, est une ingrate de ne pas vouloir reconnaître le grand service qu'ils lui ont rendu en la maintenant au rang des puissances de *presque* premier ordre ? — On nous a laissé notre richesse (avec deux milliards qu'il a fallu payer, sans compter les intérêts); — notre intelligence (avec la censure, le timbre, les procès de presse, qui ne tarirent pas de 1816 à 1830, etc., etc.) ? — et notre territoire intact !!!... et nous osons nous plaindre !... — Vraiment ? En vérité, qu'on nous mène à Charenton ! Nous ne savons ni ce que nous voulons, ni pourquoi nous nous plaignons ! On nous donnerait le fouet que nous n'aurions que la moitié de ce que nous méritons, et nous devrions encore dire : « Merci ! » Mylord l'a dit ; après lui il n'y a rien à ajouter. — Merci, Monsieur ; vous êtes très-charitable ! Merci... merci... mais n'en parlons plus ; tirons le rideau, car tout cela fait mal au cœur !

IX.

Certes, loin de nous est la pensée d'appeler les nations aux armes pour établir ce que la justice ordonne. Thémis a une balance à bassins égaux et une épée; mais l'épée n'est que pour flétrir le coupable. Puis, d'ailleurs, sait-on à quelle heure rentrera au fourreau l'épée qui en serait sortie?... Croyez-vous que les portes du temple de Janus soient faciles à fermer?... La lutte qui commencerait demain pourrait-elle finir le surlendemain?... — Une victoire peut faire taire quelquefois les plus ambitieux, mais souvent aussi elle irrite et aveugle les entêtés! Avant de sortir son épée du fourreau, la France a droit de convoquer les grandes ASSISES, non pas du *prétendu droit européen*, mais de la JUSTICE UNIVERSELLE. Qu'elle pose ses conclusions, comme elle l'a fait depuis 1852, sans colère, sans passion, mais avec fermeté. Elle représente le droit, le devoir, la justice et la vérité! On l'écoutera, car on sait qu'elle ne ment pas, qu'elle ne convoite pas, et qu'en son âme sont profondément gravées les maximes sévères de l'abnégation la plus absolue! Elle fait le bien par amour pour le bien et non pour en exploiter les résultats à son profit. Sa voix sera écoutée par tous les peuples qui pensent. Ce ne sera point l'ambition des uns ou l'égoïsme des autres qui pourront la dominer; ces temps-là sont finis!

La France n'a d'autre juge que sa conscience, d'autre maître que Dieu ou la Justice, d'autre censeur que la postérité! En face des grands événements que l'avenir tient dans son secret, elle ne doit se confier qu'à ces trois êtres, ne rien espérer de ceux qui l'entourent, et, chaque soir, se répéter: « Fais ce que dois, advienne ce que Dieu voudra! »

X.

Les lignes que nous venons d'écrire suffiront pour démontrer qu'une coalition contre la France est désormais impossible! — Quelle serait, en effet, la raison d'être de cette coalition nouvelle ?... — Quels pourraient en être les auteurs ?... — Quel serait son but, enfin ?...

Si la France faisait des armements considérables, en dehors des limites qu'elle s'est imposée toujours; si les soldats en congé renouvenable étaient rappelés ; si elle pressait l'entrée, sous les drapeaux, des jeunes soldats ; si elle doublait l'enseignement pour les recrues dernières ; si, foulant aux pieds sa dignité, elle rompait violemment les traités que son abnégation et sa grandeur d'âme ont signés et sanctionnés par la pratique ; si, prise subitement par la rage du lucre, elle cherchait, aux périls et risques de sa sécurité et d'un bouleversement général, à se donner d'autres limites que celles qu'elle possède ; si, enfin, elle voulait envers tout droit et contre toute justice, imposer de vive force sa volonté aux nations étrangères?... oui ! une coalition serait possible en pareil cas. — Mais que fait la France depuis 1852 ? qu'a-t-elle fait ?— et quel spectacle présente-t-elle au monde? — Prenez le bulletin de ses lois, lisez-le et puis vous prononcerez !... Le sentiment seul de la justice l'a guidée !... Quel est le traité qu'elle a violé ?— Dans quel cas sa parole s'est-elle démentie ?... A-t-elle provoqué les sanglantes luttes de la Crimée ?... Quel résultat a-t-elle obtenu de cette guerre ?... — Est-ce de l'or pour faire des pensions à ses braves mutilés ?... Est-ce un territoire pour agrandir ses possessions?... Quoi donc, enfin ? — RIEN ! non, *rien*, on ne saurait assez le répéter ! — Mais la France a une grande influence en Europe !... Et depuis quand donc la justice, l'abnégation et le dévouement n'en auraient-ils plus ?...

Quels seraient les auteurs d'une coalition ?

Ce n'est point l'Angleterre d'abord ; elle a fait voir en Crimée que le temps des guerres d'intrigues et d'ambitions personnelles était passé ! — Ce ne peut être la Russie, qui vient d'émanciper ses esclaves, et, certes, son noble souverain ne quittera la tâche qu'il vient de s'imposer que pour prêter l'aide de sa nation à celui qui, comme lui, prendra pour devise ces mots : « *Vérité et justice!* » — Sera-ce la Prusse?... — Mais de quel droit oserait-on penser que le prince-régent qui la gouverne, après les nobles paroles qu'il a prononcées le jour de l'ouverture des États, voudra dévier de ce chemin droit qu'il s'est ostensiblement imposé à lui-même?

Mais, dit-on, l'Allemagne n'est-elle pas prête à soutenir son empereur d'autrefois? Ses aspirations ne sont-elles pas de telle nature qu'elle ne veuille rétablir, comme elle l'a essayé en 1848, cet empire d'Allemagne dont la couronne était portée par l'empereur d'Autriche depuis Henri IV? — Pauvres diplomates utopistes, que je vous plains! Vous n'êtes en retard que d'un siècle! Vous voulez mêler l'Allemagne à toutes les questions politiques, qu'elles soient en dedans ou au dehors de vos anciens préjugés !... L'Allemagne ne se mêlera plus de coalitions ; elle sait ce qu'elles coûtent ; elle a profité de l'expérience du passé ! Elle veut ce que nous voulons tous, la *paix*, mais LA PAIX AVEC LA JUSTICE !

Par ses philosophes, ses romanciers, ses poëtes, elle a aidé au développement des idées de 1789 ! — Si, aujourd'hui, elle est forte, si elle est unie, si elle est homogène d'idées, malgré les innombrables divisions de son territoire, à qui le doit-elle? — N'est-ce pas à cet Empereur que les idées de 1789 avaient sacré? — Ah! ce serait la calomnier que d'oser penser qu'elle voulût se tourner contre le soleil d'Occident qui lui a donné tant de rayons de chaleur et de vie et tant d'intelligence de ses droits !

Seule resterait donc en face de la France la puissance autrichienne. Or, quelle serait la raison d'une lutte de l'Autriche contre la France, dans ces contrées où la victoire nous a toujours précédés? — La France ne demande que ce *quod justum* auquel ont droit tous les peuples! Elle se fait le soutien du Piémont contre l'Autriche, comme elle a soutenu la Turquie contre la Russie; comme elle a soutenu le Pape contre les révolutionnaires exaltés, comme elle soutiendrait la république de Saint-Marin contre le monde entier, si le monde entier l'attaquait; car la France n'a que son nom pour devise et pour mobile! Or, *France* est équivalent de justice, franchise et loyauté! — Elle ne veut conquérir que le droit de dire aux autres : « *Vous avez mal agi!* » si les autres veulent outrepasser les bornes du véritable droit!... Et que lui importent quelques hectares de territoire de plus ou de moins pour sa grandeur! N'est-elle pas assez grande dans l'histoire du passé et dans les fastes du présent? — On dit, et nous ne savons quel démon de discorde a soufflé cet « on dit! » — On dit que la France organise des armées qui passeront le Rhin et iront porter de nouveau nos aigles dans ces plaines fécondes qu'arrose le Danube!... Étranges et douloureuse illusions!... La France n'a rien à faire dans ces contrées : elles sont fécondées par l'esprit de 1789, et il n'est pas de puissance au monde qui puisse en arrêter le développement. C'est une destinée irrésistible et fatale! — Le souverain de la France n'a-t-il point dit que : « *L'Empire, c'est la paix!* » — Or, de quel droit l'accuseriez-vous de rêver des conquêtes à l'extérieur, quand il ne veut que se renfermer dans l'accomplissement du bien-être du peuple qu'il gouverne? — Quand s'est-il démenti de ses paroles? — Que n'a-t-il point fait pour empêcher la guerre de Crimée, alors que toutes les aspirations de la France le blâmaient de sa lenteur et des temporisations employées pour conserver la paix?...

Mais nous aurions bien tort de chercher à défendre la France ! Elle se défend seule, par sa noble conduite, depuis huit ans déjà ! Elle n'a besoin ni d'apôtres pour préconiser ses vertus, ni d'avocats pour défendre ses droits. Les faits parlent seuls et d'eux-mêmes *(et si hi tacuerint lapides clamabunt)* (1) ! Que l'Autriche aux abois nous menace de toute l'Allemagne, que les gens peureux ou timides, ou ceux que de vieux souvenirs entraînent vers d'autres idées, déplorent la position actuelle et accusent à tort et à travers ceux qui ne sont coupables de rien... et qui ne sont pas, par conséquent, responsables des fautes d'autrui... peu nous importe ! La justice est là et elle triomphera, car la justice est comme Dieu... elle est éternelle !

Il est temps d'en finir avec toutes ces rodomontades du dehors, comme avec ces cris de douleur, ces larmes, ces jérémiades, ces soupirs dont l'intérieur résonne ! — Les impatients devancent tout par leurs calculs imaginaires et jettent l'effroi dans l'âme pusillanime de ces honnêtes et braves citoyens qui prendraient *un fusil* ou donneraient *leur bourse* pour avoir la paix ! Encore une fois et dix fois : « *Hommes de rien, taisez-vous* ! » Bavards importuns, laissez-nous le silence, afin que nous puissions délibérer tranquillement, et ne troublez point la paix de l'Europe, déjà assez compromise, par des réclamations intempestives et qui ne peuvent que jeter des bâtons dans les roues du char qui vous porte !

S'il faut la guerre, il y aura la guerre, parce que la France ne sait pas reculer devant une question d'honneur et de justice ! — S'il y a la paix, il y aura la paix, et

(1) Saint Luc, ch. XIX, v. 40.

une paix noblement obtenue. — Mais, pour Dieu! trève à toutes vos lamentations!

La révision des traités de 1815 est une nécessité forcée et fatale! C'est un cadavre que la France ni l'Europe ne peuvent plus traîner à leur remorque. Mais si l'Autriche refuse de les réviser pacifiquement, franchement et surtout loyalement, il faudra de nouveau prendre la cape et l'épée! Tant pis pour cette puissance si elle perd tout, même son honneur, à cette lutte. Ce sera une nouvelle croisade, un nouveau cri : « Dieu le veut! » — Et ce cri sera d'autant plus sympathique que ce sera le cri de la *justice* et de la *vérité!*

XI.

Nous terminons! Nous avons erré peut-être dans nos appréciations ; qu'on nous pardonne ces erreurs, notre cœur seul, poussé par un profond amour de la justice, a dicté les lignes qu'on vient de lire.

Paris, 5 mars 1859.

FIN.

www.ingramcontent.com/pod-product-compliance
Ingram Content Group UK Ltd.
Pitfield, Milton Keynes, MK11 3LW, UK
UKHW020224200726
13856UKWH00004B/1612

9 782013 050753